Impressum
Verlag: BABADADA GmbH, Nedderfeld 112 , 22529 Hamburg
Geschäftsführer / Verlagsleitung: Harald Hof
Druck: Books on Demand GmbH, In de Tarpen 42, 22848 Norderstedt

Imprint
Publisher: BABADADA GmbH, Nedderfeld 112 , 22529 Hamburg, Germany
Managing Director / Publishing direction: Harald Hof
Print: Books on Demand GmbH, In de Tarpen 42, 22848 Norderstedt, Germany

სკოლა

школа

საკლასო ოთახი
классная комната
გაყოფა
делить
186/2
დაფა
доска
სკოლის ეზო
школьный двор
მასწავლებელი
учитель
ქაღალდი
бумага
წერა
писать
კალამი
ручка
მაგიდა
письменный стол
სახაზავი
линейка
წიგნი
книга
მოსწავლე
ученик

ზურგჩანთა

ранец

პენალი

пенал

ფანქარი

карандаш

ფანქრების სათლელი

точилка

საშლელი

ластик

ნახატების ალბომი

альбом для рисования

2

სკოლა - школа

ნახატი

рисунок

ფუნჯი

кисточка

საღებავის ყუთი

коробка красок

მაკრატელი

ножницы

წებო

клей

სავარჯიშო რვეული

тетрадь

საშინაო დავალება

домашняя работа

12

ნომერი

цифра

2+2

დამატება

прибавлять

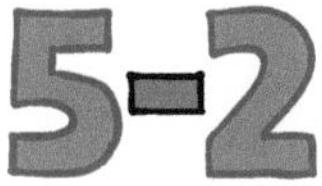

5-2

გამოკლება

вычитать

2×2

გამრავლება

умножать

გამოთვლა

считать

A

წერილი

буква

ABCDEFG
HIJKLMN
OPQRSTU
VWXYZ

ანბანი

алфавит

hello

სიტყვა

слово

ტექსტი

текст

წაკითხვა

читать

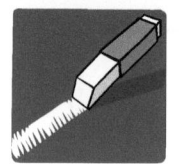

ცარცი

мел

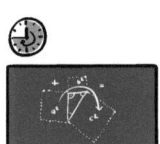

გაკვეთილი

урок

რეგისტრაცია

классный журнал

გამოცდა

экзамен

სერტიფიკატი

диплом

სკოლის ფორმა

школьная форма

განათლება

образование

ენციკლოპედია

энциклопедия

უნივერსიტეტი

университет

მიკროსკოპი

микроскоп

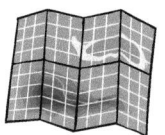

რუქა

карта

კალათა ნარჩენი ქაღალდებისათვის

корзина для бумаг

მოგზაურობა

путешествие

სასტუმრო
гостиница
Grand
ჰოსტელი
турбаза
ROOMS
ვალუტის გადაცვლის პუნქტი
пункт обмена валюты
ჩემოდანი
чемодан
მანქანა
автомобиль

ენა

язык

კი / არა

да / нет

კარგი

хорошо

გამარჯობა

Привет

მთარგმნელი

переводчик

გმადლობთ

Спасибо

რა ღირს… ?

Сколько стоит…?

ვერ გავიგე

Я не понимаю

პრობლემა

проблема

აღამო მშვიდობისა!

Добрый вечер!

დილა მშვიდობისა!

Доброе утро!

ღამე მშვიდობისა!

Доброй ночи!

ნახვამდის

До свидания

მიმართულება

направление

ბარგი

багаж

ჩანთა

сумка

ზურგჩანთა

рюкзак

სტუმარი

гость

ოთახი

комната

საძილე ტომარა

спальный мешок

კარავი

палатка

ტურისტული ინფორმაცია
....
туристическая
информация

სანაპირო
....
пляж

საკრედიტო ბარათი
....
кредитная карточка

საუზმე
....
завтрак

ლანჩი
....
обед

ვახშამი
....
ужин

ბილეთი
....
билет

ლიფტი
....
лифт

საფოსტო მარკა
....
почтовая марка

საზღვარი
....
граница

საბაჟო
....
таможня

საელჩო
....
посольство

ვიზა
....
виза

პასპორტი
....
паспорт

ტრანსპორტი

транспорт

გემი
корабль
თვითმფრინავი
самолёт
სახანძრო მანქანა
пожарный автомобиль
სატვირთო მანქანა
грузовик
ავტობუსი
автобус
მოტორიზებული ნავი
моторная лодка
ველოსიპედი
велосипед
მანქანა
автомобиль

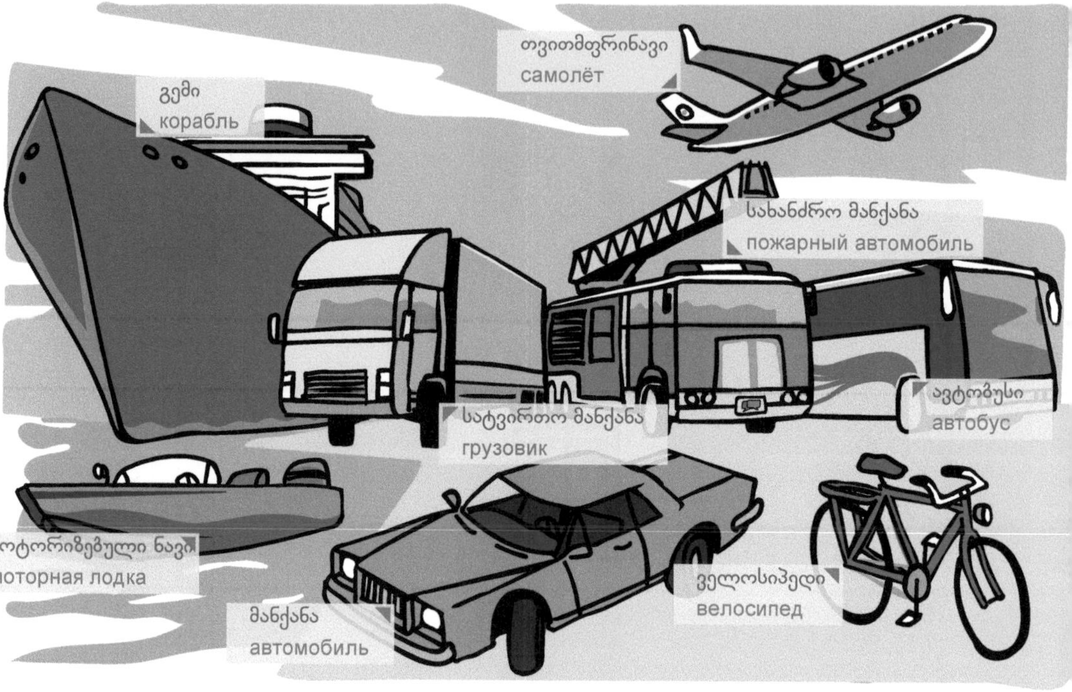

ბორანი

паром

ნავი

лодка

მოტოციკლი

мотоцикл

პოლიციის მანქანა

полицейский автомобиль

სარბოლო მანქანა

гоночный автомобиль

დაქირავებული მანქანა

арендованный автомобиль

მანქანის ერთობლივი მოხმარება

совместное пользование автомобилями

საბუქსირე მანქანა

буксировочный автомобиль

ნაგვის მანქანა

мусоровоз

ძრავა

двигатель

საწვავი

топливо

ბენზინგასამართი სადგური

заправка

საგზაო ნიშანი

дорожный знак

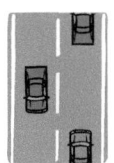

მოძრაობა

движение

საცობი

пробка

მანქანის სადგომი

автостоянка

მატარებლის სადგური

вокзал

ლიანდაგები

рельсы

მატარებელი

поезд

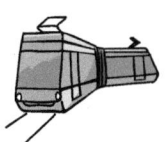

ტრამვაი

трамвай

ვაგონი

вагон

ვერტმფრენი
....
вертолёт

აეროპორტი
....
аэропорт

კოშკი
....
вышка

მგზავრი
....
пассажир

კონტეინერი
....
контейнер

მუყაოს ყუთი
....
коробка

ურიკა
....
тележка

კალათა
....
корзина

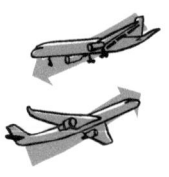

აფრენა / დაშვება
....
взлетать / приземляться

ქალაქი

город

სოფელი
....
деревня

ქალაქის ცენტრი
....
центр города

სახლი
....
дом

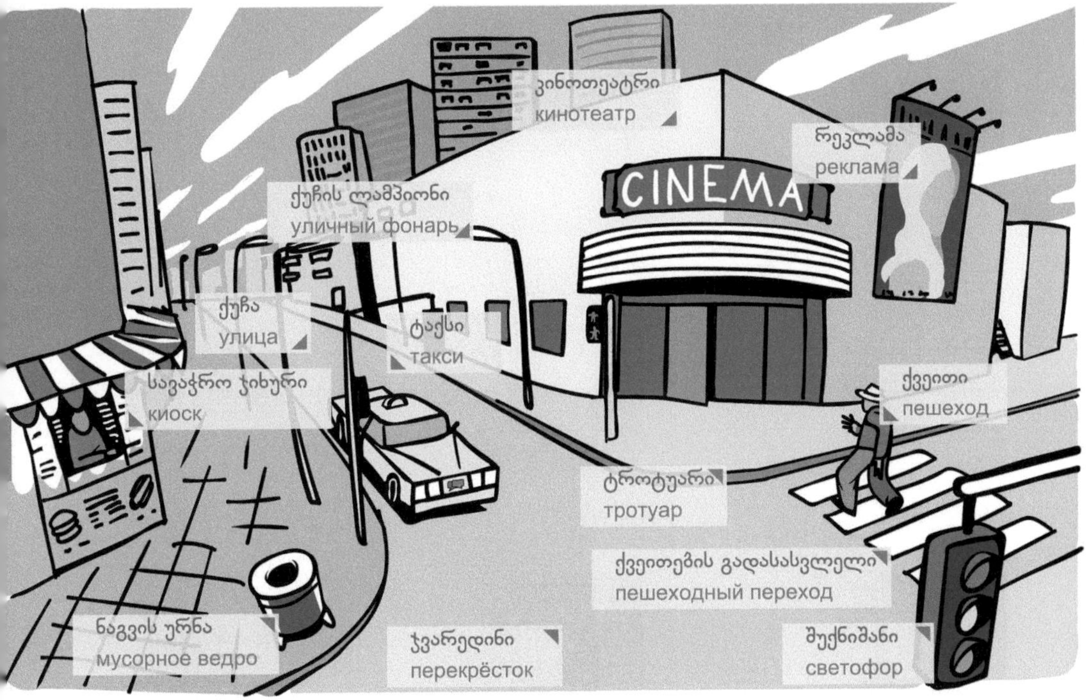

კინოთეატრი
кинотеатр
რეკლამა
реклама
ქუჩის ლამპიონი
уличный фонарь
ქუჩა
улица
ტაქსი
такси
სავაჭრო ჯიხური
киоск
ქვეითი
пешеход
ტროტუარი
тротуар
ქვეითების გადასასვლელი
пешеходный переход
ნაგვის ურნა
мусорное ведро
ჯვარედინი
перекрёсток
შუქნიშანი
светофор

ქოხი

хижина

ბინა

квартира

მატარებლის სადგური

вокзал

მუნიციპალიტეტი

ратуша

მუზეუმი

музей

სკოლა

школа

უნივერსიტეტი

университет

ბანკი

банк

საავადმყოფო

больница

სასტუმრო

гостиница

აფთიაქი

аптека

ოფისი

офис

წიგნების მაღაზია

книжный магазин

მაღაზია

магазин

ფლორისტი

цветочный магазин

სუპერმარკეტი

супермаркет

ბაზარი

рынок

მაღაზიის განყოფილება

универмаг

თევზის გამყიდველი

торговец рыбой

სავაჭრო ცენტრი

торговый центр

ნავსადგომი

порт

პარკი

парк

გრძელი სკამი

скамейка

ხიდი

мост

კიბეები

лестница

მიწისქვეშა გადასასვლელი

метро

გვირაბი

тоннель

ავტობუსის გაჩერება

автобусная остановка

ბარი

бар

რესტორანი

ресторан

საფოსტო ყუთი

почтовый ящик

ქუჩის ნიშანი

табличка с названием
улицы

პარკინგის საზომი

паркометр

ზოოპარკი

зоопарк

საცურაო აუზი

бассейн

მეჩეთი

мечеть

ქალაქი – город

ფერმა

ферма

გარემოს დაბინძურება

загрязнение окружающей среды

სასაფლაო

кладбище

ეკლესია

церковь

საბავშვო მოედანი

детская площадка

ტაძარი

храм

ლანდშაფტი

ландшафт

ფოთოლი
лист
გზის მანიშნებელი ნიშანი
дорожный указатель
გზა
дорога
მდელო
луг
ქვა
камень
მოგზაური
путешественник
ხე
дерево
მდინარე
река
ბალახი
трава
ყვავილი
цветок

ხეობა
....
долина

გორაკი
....
гора

ტბა
....
озеро

ტყე
....
лес

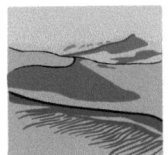

უდაბნო
....
пустыня

ვულკანი
....
вулкан

ციხე
....
замок

ცისარტყელა
....
радуга

სოკო
....
гриб

პალმა
....
пальма

კოღო
....
комар

ბუზი
....
муха

ჭიანჭველა
....
муравей

ფუტკარი
....
пчела

ობობა
....
паук

ხოჭო

жук

ბაყაყი

лягушка

ციყვი

белка

ზღარბი

еж

კურდღელი

заяц

ბუ

сова

ფრინველი

птица

გედი

лебедь

ტახი

кабан

ირემი

олень

ცხენ-ირემი

лось

კაშხალი

плотина

ქარის ტურბინა

ветряной генератор

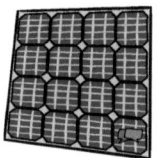

მზის ბატარეა

солнечная батарея

კლიმატი

климат

ლანდშაფტი - ландшафт

რესტორანი

ресторан

მიმტანი
официант
მენიუ
меню
სკამი
стул
სუპი
суп
პიცა
пицца
დანა-ჩანგალი
столовые приборы
მაგიდაზე გადასაფარებელი
скатерть

საუზმე

закуска

მთავარი კერძი

главное блюдо

დესერტი

десерт

დასალევი

напитки

საჭმელი

еда

ბოთლი

бутылка

სწრაფი კვება

фастфуд

ქუჩის საჭმელი

уличная еда

ჩაიდანი

чайник

საშაქრე

сахарница

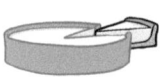

პორცია

порция

ესპრესოს მანქანა

кофеварка

მაღალი სკამი

детский стульчик

ანგარიში

счет

ლანგარი

поднос

დანა

нож

ჩანგალი

вилка

კოვზი

ложка

ჩაის კოვზი

чайная ложка

ხელსახოცი

салфетка

ჭიქა

стакан

თეფში

тарелка

სუპის თეფში

суповая тарелка

ჩაის ლამბაქი

блюдце

საწებელი

соус

სამარილე

солонка

წიწაკის საფქვავი

мельница для перца

ძმარი

уксус

ზეთი

масло

სანელებლები

специи

კეტჩუპი

кетчуп

მდოგვი

горчица

მაიონეზი

майонез

სუპერმარკეტი

супермаркет

სპეციალური შეთავაზება
специальное предложение
მომხმარებელი
покупатель
რძის ნაწარმი
молочные продукты
ხილი
фрукты
ურიკა
тележка для покупок

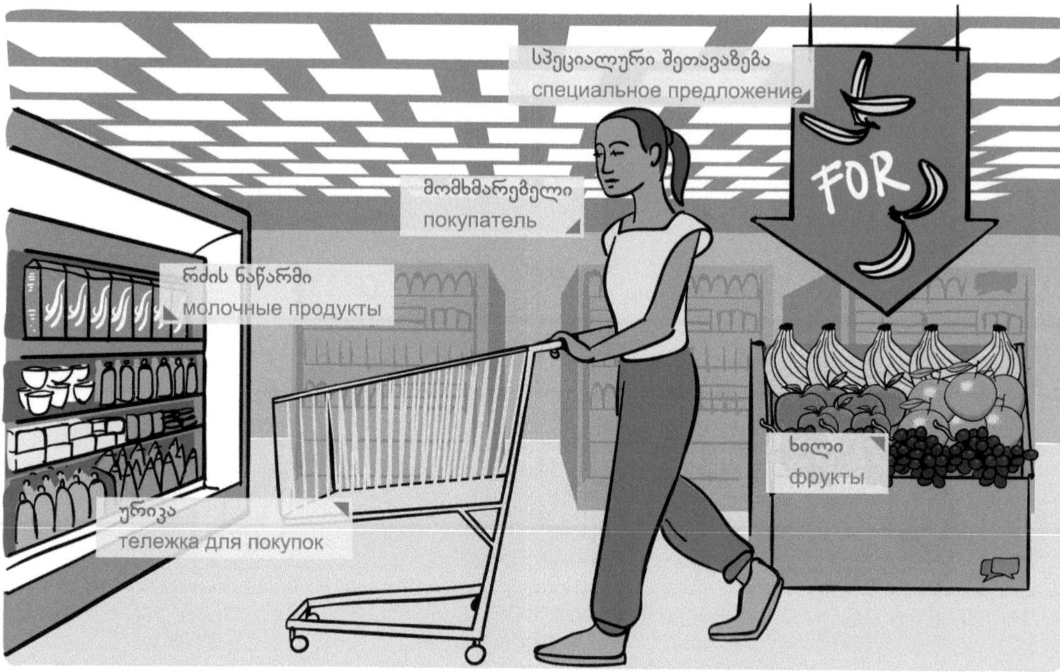

საყასბო

мясной магазин

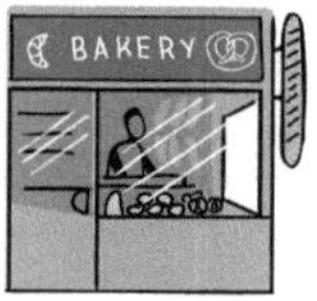

საცხობი

пекарня

აწონვა

взвешивать

ბოსტნეული

овощи

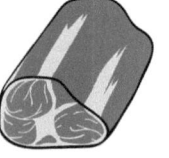

ხორცი

мясо

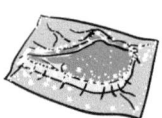

გაყინული საკვები

быстрозамороженные продукты

გრილი ხორცი

нарезка

კონსერვები

консервы

სარეცხი ფხვნილი

стиральный порошок

ტკბილეული

сладости

საყოფაცხოვრებო პროდუქტები

предмет домашнего обихода

სარეცხი საშუალებები

моющее средство

გამყიდველი

продавщица

სალარო

касса

მოლარე

кассир

საყიდლების სია

список покупок

მუშაობის საათები

время работы

პორტმანი

бумажник

საკრედიტო ბარათი

кредитная карточка

ჩანთა

сумка

პლასტიკური პარკი

полиэтиленовый пакет

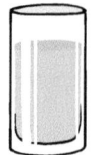

დასალევი

напитки

წყალი

вода

წვენი

сок

რძე

молоко

კოკა-კოლა

кока-кола

ღვინო

вино

ლუდი

пиво

ალკოჰოლი

алкоголь

კაკაო

какао

ჩაი

чай

ყავა

кофе

ესპრესო

эспрессо

კაპუჩინო

капучино

საჭმელი

еда

ბანანი

банан

ვაშლი

яблоко

ფორთოხალი

апельсин

საზამთრო

арбуз

ლიმონი

лимон

სტაფილო

морковь

ნიორი

чеснок

ბამბუკი

бамбук

ხახვი

лук

სოკო

гриб

კაკალი

орехи

ატრია

лапша

სპაგეტი

спагетти

ბრინჯი

рис

სალათი

салат

ჩიპსები

картофель фри

შემწვარი კარტოფილი

жареный картофель

პიცა

пицца

ჰამბურგერი

гамбургер

სენდვიჩი

сэндвич

კოტლეტი

шницель

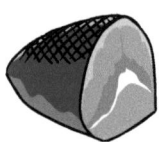

ლორი

ветчина

სალიამი

салями

ძეხვი

колбаса

წიწილა

курица

შემწვარი ხორცი

жаркое

თევზი

рыба

შვრიის ფაფა
....
овсяные хлопья

მუსლი
....
мюсли

სიმინდის ფანტელები
....
кукурузные хлопья

ფქვილი
....
мука

კრუასანი
....
круассан

ბულკი
....
булочка

პური
....
хлеб

ტოსტი
....
тост

ნამცხვრები
....
печенье

კარაქი
....
масло

ხაჭო
....
творог

ტორტი
....
пирог

კვერცხი
....
яйцо

ერბო-კვერცხი
....
яичница

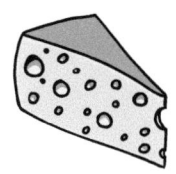

ყველი
....
сыр

ნაყინი
·············
мороженое

შაქარი
·············
сахар

თაფლი
·············
мёд

ჯემი
·············
мармелад

შოკოლადის კრემი
·············
крем с нугой

კარი
·············
карри

საჭმელი - еда

ფერმა

ферма

სოფლის სახლი
крестьянский дом
ჩალის შეკვრა
тюк из соломы
თავლა
сарай
ყანა
поле
ცხენი
лошадь
მისაბმელი
прицеп
ტრაქტორი
трактор
კვიცი
жеребёнок
ვირი
осёл
ცხვარი
овца
ცხვარი
ягнёнок

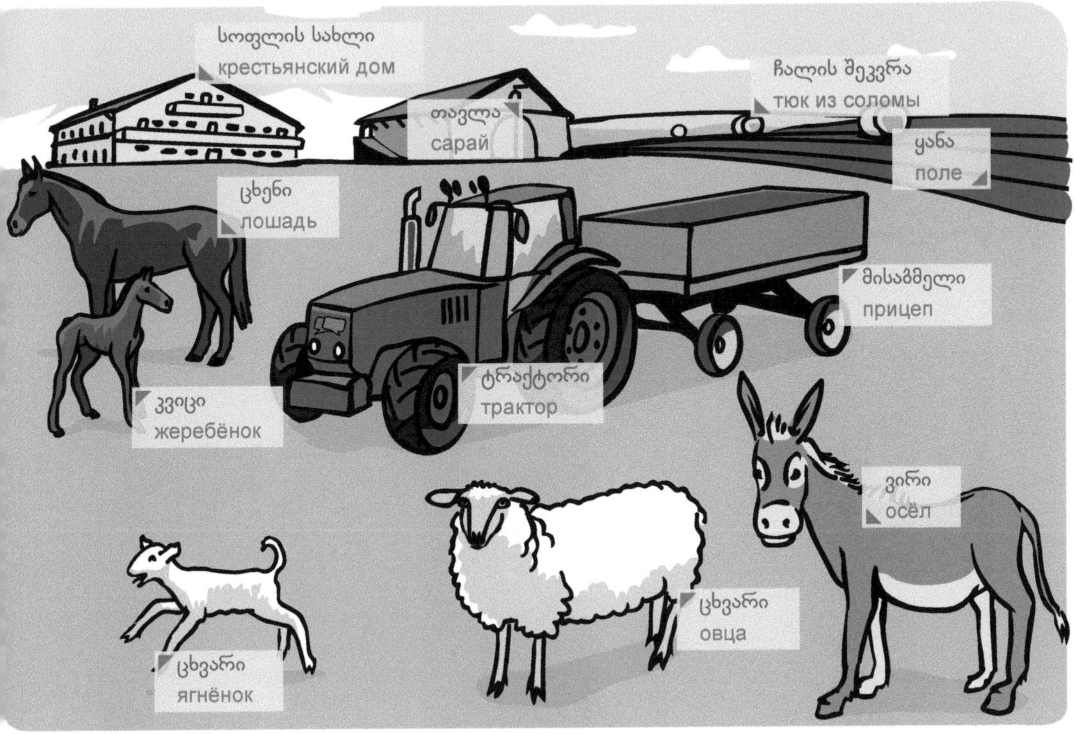

თხა

коза

ძროხა

корова

ხბო

телёнок

ღორი

свинья

გოჭი

поросёнок

ხარი

бык

ბატი

гусь

იხვი

утка

წიწილა

цыплёнок

ქათამი

курица

მამალი

петух

ვირთხა

крыса

კატა

кошка

თაგვი

мышь

ხარი

вол

ძაღლი

собака

საძაღლე

конура

ბაღის შლანგი

садовый шланг

საბაღე წურწურა

лейка

ცელი

коса

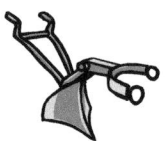

გუთანი

плуг

ნამგალი

серп

თოხი

мотыга

პატივის სახვეტი ჩანგალი

навозные вилы

ცული

топор

მაზიდი

тачка

გობი

корыто

რძის ბიდონი

бидон для молока

ტომარა

мешок

ღობე

забор

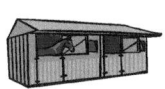

ბოსელი

хлев

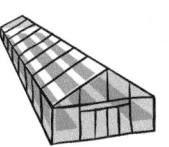

სათბური

теплица

ნიადაგი

почва

თესლი

посев

სასუქი

удобрение

მოსავლის ამღები კომბაინი

комбайн

მოსავლის აღება
собирать урожай

მოსავალი
урожай

იამი
ямс

ხორბალი
пшеница

სოიო
соя

კარტოფილი
картофель

სიმინდი
кукуруза

სარეველას თესლი
рапс

ხეხილი
фруктовое дерево

მანიოკი
маниок

მარცვლეული
злаки

ფერმა - ферма

სახლი

дом

ბუხარი
дымоход
სახურავი
крыша
წყალსადინარი მილი
водосточный желоб
ფანჯარა
окно
ავტოფარეხი
гараж
კარის ზარი
звонок
კარი
дверь
ნაგვის ყუთი
мусорное ведро
საფოსტო ყუთი
почтовый ящик
ბაღი
сад

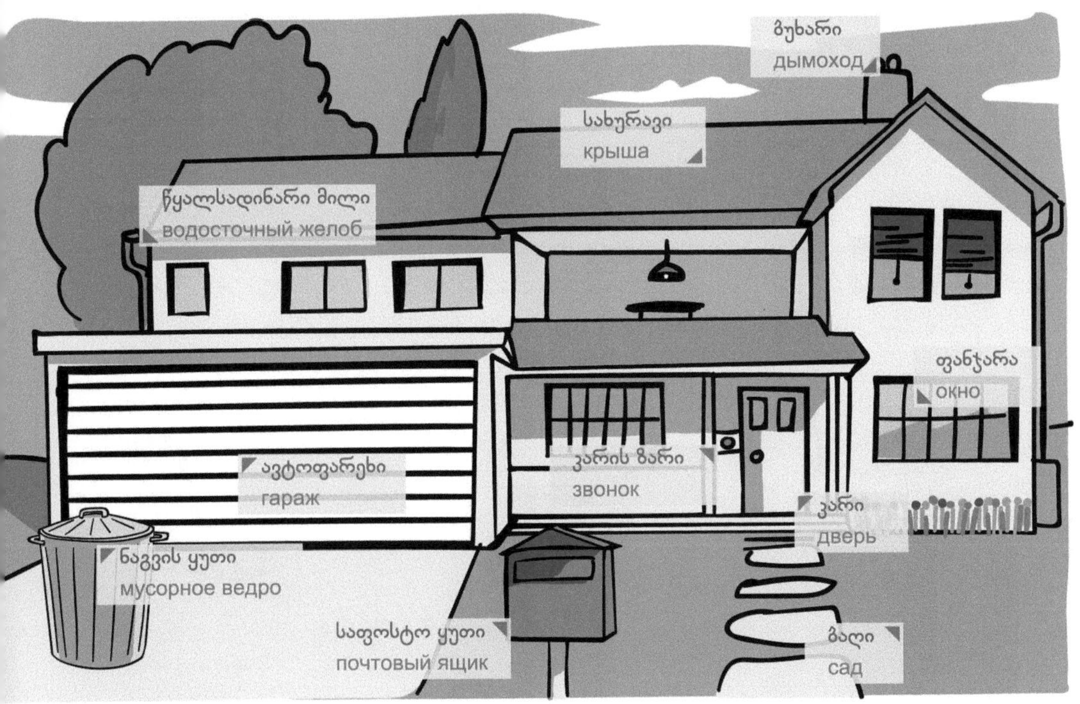

მისაღები ოთახი

гостиная

აბაზანა

ванная комната

სამზარეულო

кухня

საძინებელი

спальня

საბავშვო ოთახი

детская комната

სასადილო ოთახი

столовая

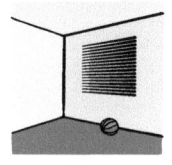

სართული

пол

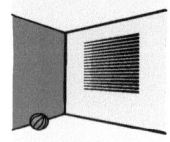

კედელი

стена

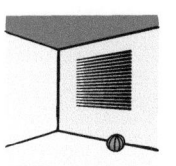

ჭერი

потолок

სარდაფი

подвал

საუნა

сауна

აივანი

балкон

ტერასა

терраса

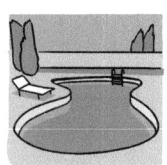

აუზი

бассейн

გაზონის საკრეჭი

газонокосилка

საბნის კონვერტი

пододеяльник

საწოლი

покрывало

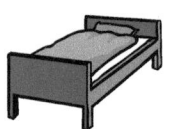

ლოგინი

кровать

ცოცხი

метла

სათლი

ведро

გადამრთველი

выключатель

მისაღები ოთახი

гостиная

შპალერი
обои
ნახატი
рисунок
ნათურა
лампа
თარო
полка
კარადა
шкаф
ტელევიზორი
телевизор
ბუხარი
камин
ყვავილი
цветок
ბალიში
подушка
დივანი
диван
ვაზა
ваза
დისტანციური მართვა
пульт дистанционного управления

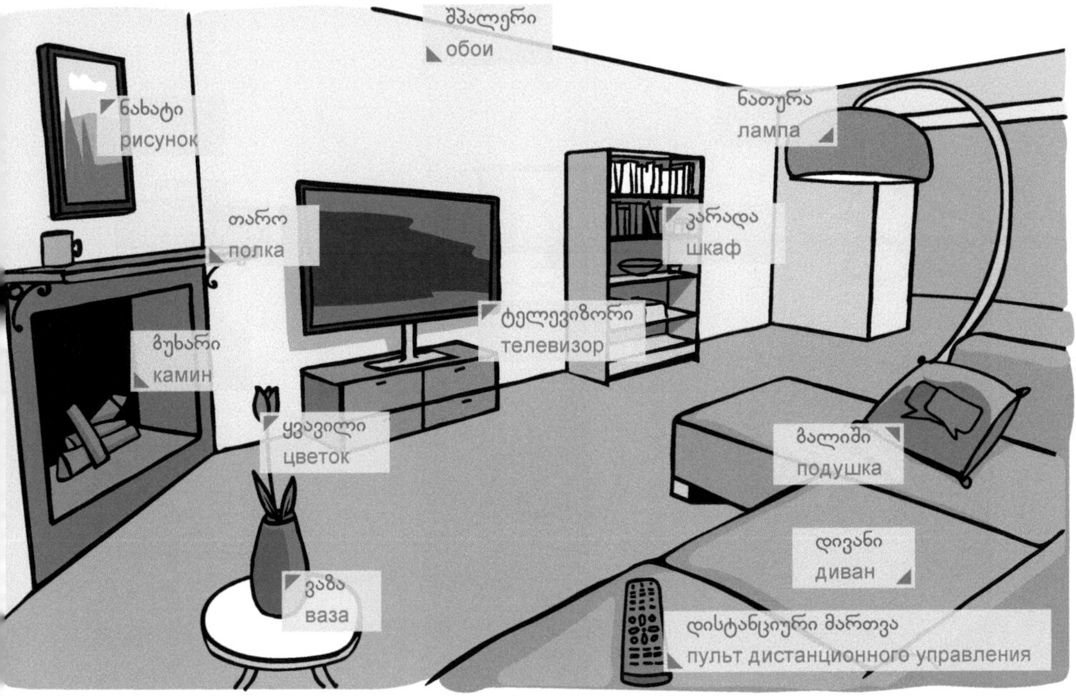

ხალიჩა

ковёр

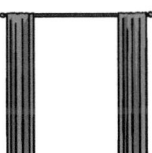

ფარდა

штора

მაგიდა

стол

სკამი

стул

სარწეველა სკამი

кресло-качалка

სავარძელი

кресло

წიგნი

книга

საბანი

покрывало

დეკორაცია

украшение

შეშა

дрова

ფილმი

фильм

hi-fi მოწყობილობები

стереосистема

გასაღები

ключ

გაზეთი

газета

ფერწერა

картина

პლაკატი

плакат

რადიო

радио

ბლოკნოტი

блокнот

მტვერსასრუტი

пылесос

კაქტუსი

кактус

სანთელი

свеча

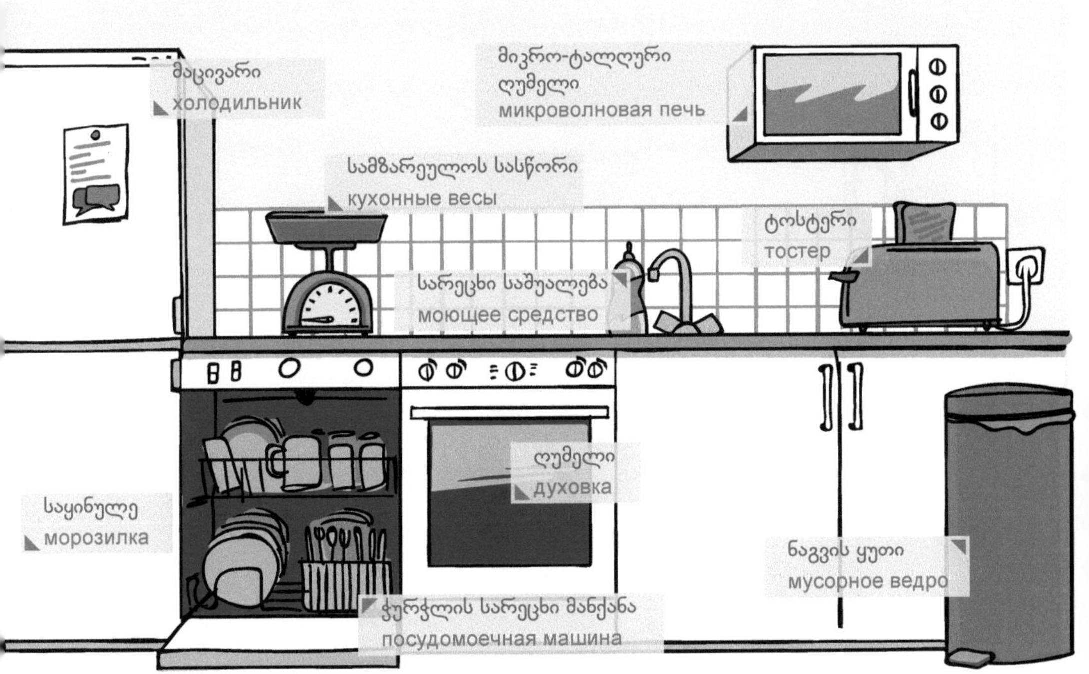

მაცივარი
холодильник
მიკრო-ტალღური ღუმელი
микроволновая печь
სამზარეულოს სასწორი
кухонные весы
ტოსტერი
тостер
სარეცხი საშუალება
моющее средство
ღუმელი
духовка
საყინულე
морозилка
ნაგვის ყუთი
мусорное ведро
ჭურჭლის სარეცხი მანქანა
посудомоечная машина

გაზქურა

плита

ქოთანი

кастрюля

თუჯის ქვაბი

чугунный котелок

ტაფა ამოზერილი ფსკერით

вок / кадай

ტაფა

сковорода

ჩაიდანი

чайник

სამზარეულო - кухня 35

ორთქლსახარში

пароварка

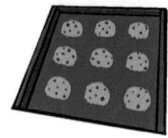

საცხობი ლანგარი

противень

ჭურჭელი

посуда

კათხა

кружка

თასი

миска

ჩინური ჩხირები

палочки для еды

ჩამჩა

половник

ფითხი

лопатка

სათქვეფელა

сбивалка

საწური

сито

საცერი

сито

სახეხი

тёрка

სანაყი

ступка

გრილი

гриль

კოცონი

костёр

დაფა

доска

საგორავი

скалка

ბურღი

штопор

ქილა

жестяная банка

ქილის გასახსნელი

консервный нож

ქოთნის დამჭერი

прихватка

ნიჟარა

раковина

ფუნჯი

щетка

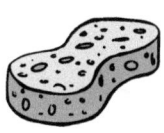

ღრუბელი

губка

ბლენდერი

миксер

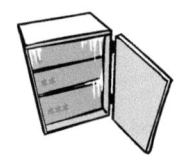

საყინულე კამერა

морозильная камера

საბავშვო ბოთლი

бутылочка для кормления

ონკანი

кран

აბაზანა

ванная комната

შხაპი
душ
გათბობა
отопление
პირსახოცი
полотенце
საშხაპე ფარდა
душевая занавеска
ღრუბლიანი აბანო
пенистая ванна
ვანა
ванна
ჭიქა
стакан
სარეცხი მანქანა
стиральная машина
ონკანი
кран
ფილები
плитка
ღამის ქოთანი
горшок
ნიჟარა
раковина

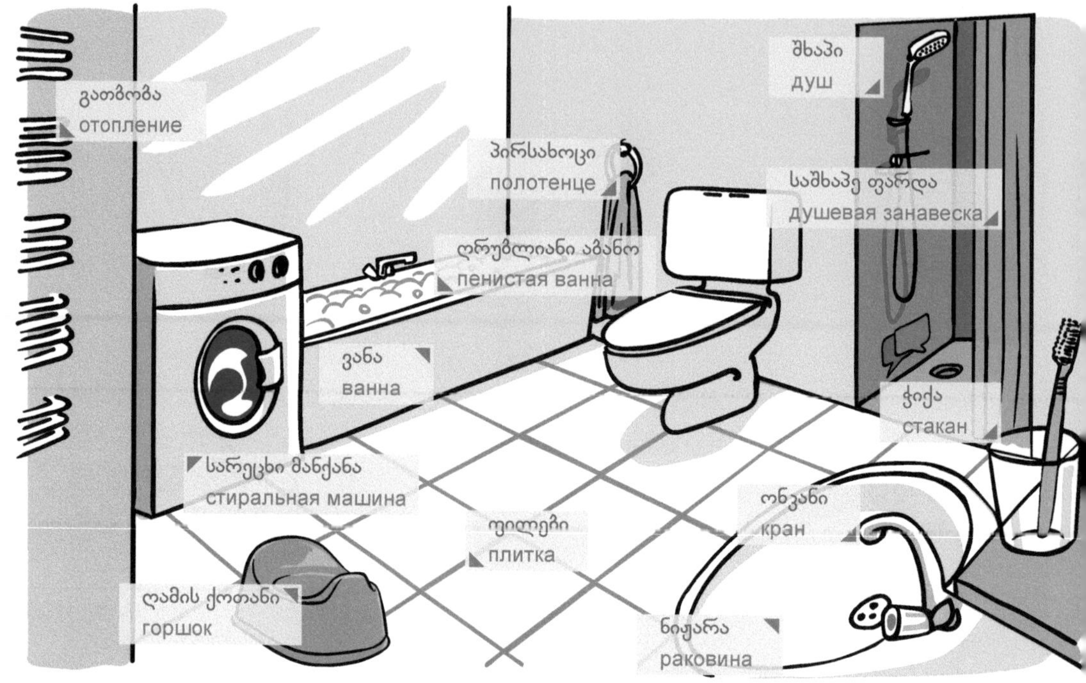

ტუალეტი

туалет

იატაკის ტუალეტი

напольный унитаз

ბიდე

биде

კედლის პისუარი

писсуар

ტუალეტის ქაღალდი

туалетная бумага

ტუალეტის ჯაგრისი

ершик

კბილის ჯაგრისი
....
зубная щетка

კბილის პასტა
....
зубная паста

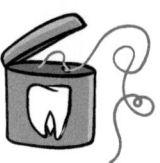

კბილის ძაფი
....
зубная нить

რეცხვა
....
мыть

ხელის შხაპი
....
ручной душ

ინტიმური შხაპი
....
интимный душ

ტაშტი
....
таз

ზურგის სახეხი ფუნჯი
....
щетка для спины

საპონი
....
мыло

შხაპის გელი
....
гель для душа

შამპუნი
....
шампунь

ნეჭა
....
мочалка

სანიაღვრე
....
сток

კრემი
....
крем

დეოდორანტი
....
дезодорант

სარკე

зеркало

ხელის სარკე

ручное зеркало

ბრიტვა

бритва

საპარსი ქაფი

пена для бритья

საშუალება გაპარსვის შემდეგ

лосьон после бритья

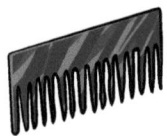

სავარცხელი

расческа

ჯაგრისი

щетка

თმის საშრობი

фен

თმის ლაქი

лак для волос

კოსმეტიკა

косметика

ტუჩების პომადა

губная помада

ფრჩხილის ლაქი

лак для ногтей

ბამბა

вата

ფრჩხილის მაკრატელი

маникюрные ножницы

სუნამო

духи

კოსმეტიკის ჩანთა

косметичка

ტაბურეტი

табуретка

სასწორი

весы

სააბაზანო ხალათი

халат

რეზინის ხელთათმანები

резиновые перчатки

ტამპონი

тампон

სანიტარული პირსახოცი

гигиеническая прокладка

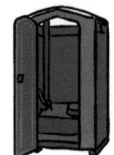

ბიო-ტუალეტი

биотуалет

საბავშვო ოთახი

детская комната

მაღვიძარა
будильник
რბილი სათამაშო
мягкая игрушка
სათამაშო მანქანა
игрушечный автомобиль
ჩხარუნა სათამაშო
погремушка
თოჯინების სახლი
кукольный домик
საჩუქარი
подарок

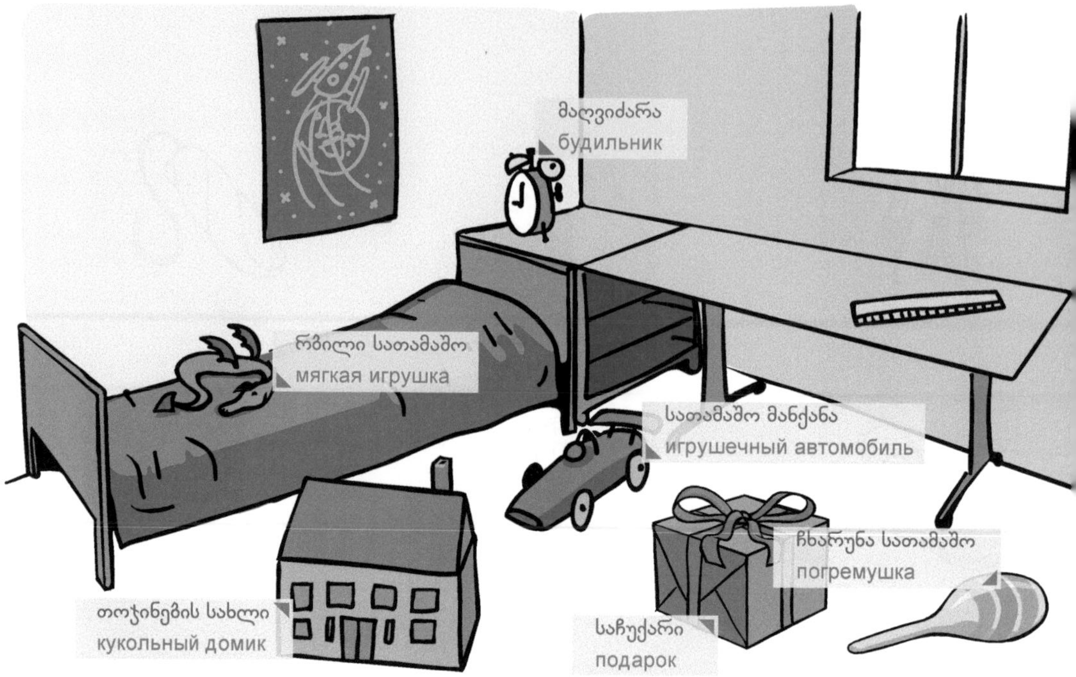

ბუშტი

воздушный шар

ლოგინი

кровать

საბავშვო ეტლი

детская коляска

კარტის თამაში

карточная игра

პაზლი

пазл

კომიკსი

комикс

ლეგოს აგურები

кирпичики Лего

ასაშენებელი კუბიკები

кубики

სათამაშო ფიგურა

игрушечная фигурка

საცოცავი

ползунки

ფრისბი

фрисби

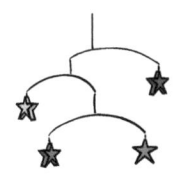

მობილე

мобиле

სამაგიდო თამაში

настольная игра

კამათელი

кубик

რკინიგზის მოდელი

модель железной дороги

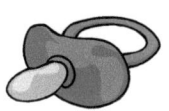

საწოვარა

соска

წვეულება

вечеринка

წიგნი ნახატებით

книга с картинками

ბურთი

мяч

თოჯინა

кукла

თამაში

играть

საქვიშარი

песочница

საქანელა

качели

სათამაშოები

игрушка

ვიდეო თამაშის კონსოლი

игровая приставка

სამთვლიანი ველოსიპედი

трёхколесный велосипед

დათუნია

плюшевый медвежонок

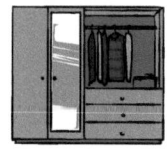

გარდერობი

шкаф для одежды

ტანსაცმელი

одежда

წინდები

носки

ჩულქები

чулки

კოლგოტები

колготки

შარფი
шарф

ქოლგა
зонтик

მკლავებიანი მაისური
футболка

ქამარი
ремень

ბოტასები
кроссовки

ფეხსაცმელი
сапоги

ჩუსტები
тапки

სანდლები

сандалии

ფეხსაცმელი

ботинки

რეზინის ჩექმები

резиновые сапоги

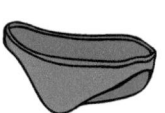

ტრუსები

трусы

ბიუსჰალტერი

бюстгальтер

მაისური

майка

სხეული

боди

შარვალი

брюки

ჯინსი

джинсы

ქვედაკაბა

юбка

ბლუზი

блузка

პერანგი

рубашка

სვიტრი

свитер

კაპიუშონიანი ჟაკეტი

свитер

სპორტული ქურთუკი

спортивная куртка

ჟაკეტი

жакет

პალტო

пальто

საწვიმარი

плащ

კოსტუმი

костюм

კაბა

платье

საქორწილო კაბა

свадебное платье

კაცის კოსტიუმი

мужской костюм

ღამის პერანგი

ночная сорочка

პიჟამოები

пижама

სარი

сари

თავშალი

платок

ტურბანი

тюрбан

ჩადრი

паранджа

ხიფთანი

кафтан

აბაია

абайя

საცურაო კოსტუმი

купальник

ჩემოდნები

плавки

შორტები

шорты

სპორტული კოსტიუმი

спортивный костюм

წინსაფარი

фартук

ხელთათმანები

перчатки

ღილი

пуговица

სათვალეები

очки

სამაჯური

браслет

ყელსაბამი

цепочка

ბეჭედი

кольцо

საყურე

серьга

კეპი

шапка

საკიდი

вешалка

ქუდი

шляпа

ჰალსტუხი

галстук

ელვა-შესაკრავის შეკვრა

застежка молния

ჩაფხუტი

шлем

აჭიმი

подтяжки

სკოლის ფორმა

школьная форма

ფორმა

форма

ბავშვის წინსაფარი
детский нагрудник

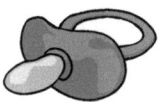

საწოვარა
соска

პამპერსი
подгузник

ოფისი
офис

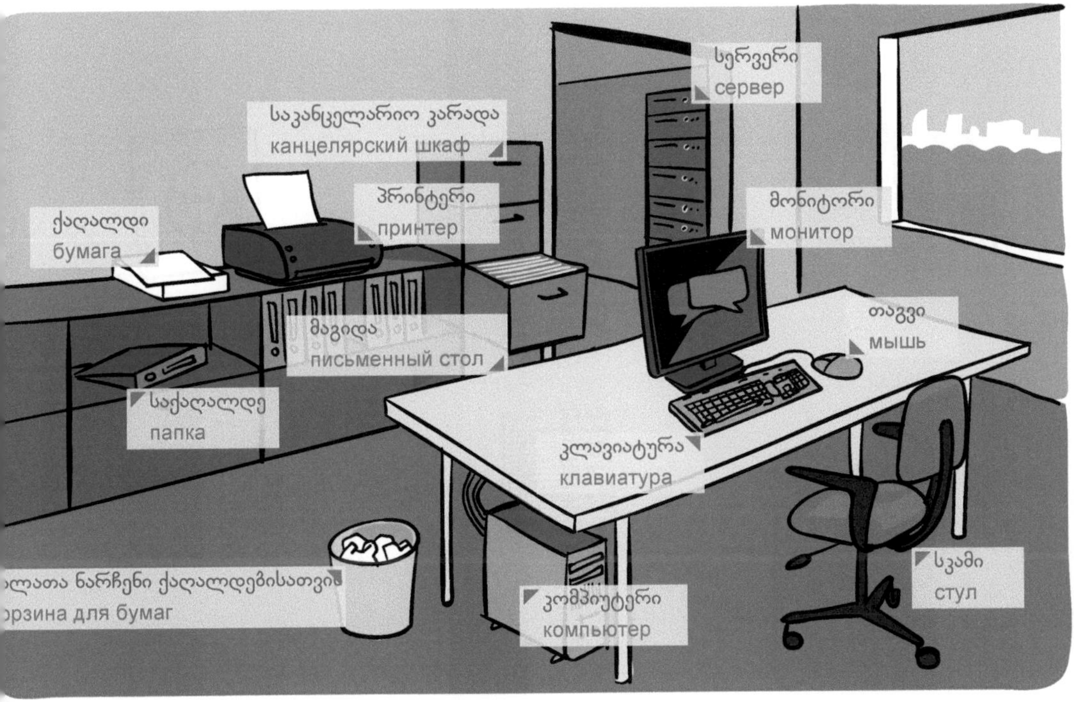

სერვერი
сервер
საკანცელარიო კარადა
канцелярский шкаф
პრინტერი
принтер
ქაღალდი
бумага
მონიტორი
монитор
მაგიდა
письменный стол
мышь
საქაღალდე
папка
კლავიატურა
клавиатура
ლათა ნარჩენი ქაღალდებისათვის
рзина для бумаг
კომპიუტერი
компьютер
სკამი
стул

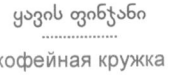

ყავის ფინჯანი
кофейная кружка

კალკულატორი
калькулятор

ინტერნეტი
интернет

ლეპტოპი

ноутбук

წერილი

письмо

მესიჯი

сообщение

მობილური ტელეფონი

мобильный телефон

ქსელი

сеть

სკანერი

ксерокс

პროგრამული უზრუნველყოფა

программа

ტელეფონი

телефон

როზეტი

розетка

ფაქსის მანქანა

факс

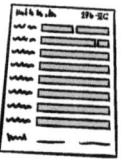

ფორმულარი

формуляр

დოკუმენტი

документ

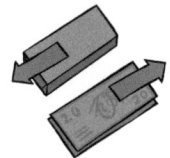

ყიდვა
покупать

გადახდა
платить

ვაჭრობა
торговать

ფული
деньги

დოლარი
доллар

ევრო
евро

იენი
иена

რუბლი
рубль

შვეიცარული ფრანკი
франк

ჟენმინბი იუანი
жэньминьби юань

რუპი
рупия

ბანკომატი
банкомат

ვალუტის გადაცვლის პუნქტი

пункт обмена валюты

ოქრო

золото

ვერცხლი

серебро

ნავთობი

нефть

ენერგია

энергия

ფასი

цена

ხელშეკრულება

договор

გადასახადი

налог

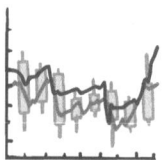

აქცია

акция

მუშაობა

работать

თანამშრომელი

служащий

დამსაქმებელი

работодатель

ქარხანა

фабрика

მაღაზია

магазин

პოლიციის ოფიცერი
милиционер
მეხანძრე
пожарный
მზარეული
повар
ექიმი
врач
მფრინავი
пилот

მებაღე

садовник

დურგალი

столяр

თეთრეულის მკერავი ქალბატონი

швея

მოსამართლე

судья

ქიმიკოსი

химик

მსახიობი

актёр

ავტობუსის მძღოლი

водитель автобуса

ტაქსის მძღოლი

таксист

მეთევზე

рыбак

დამლაგებელი ქალბატონი

уборщица

სახურავის ოსტატი

кровельщик

მიმტანი

официант

მონადირე

охотник

ფერმწერი

художник

მცხობელი

пекарь

ელექტრიკოსი

электрик

მშენებელი

строитель

ინჟინერი

инженер

ყასაბი

мясник

სანტექნიკოსი

сантехник

ფოსტალიონი

почтальон

ჯარისკაცი

солдат

არქიტექტორი

архитектор

მოლარე

кассир

ფლორისტი

флорист

პარიკმახერი

парикмахер

კონდუქტორი

кондуктор

მექანიკოსი

механик

კაპიტანი

капитан

სტომატოლოგი

зубной врач

მეცნიერი

ученый

რაბინი

раввин

იმამი

имам

ბერი

монах

სასულიერო პირი

священник

იარაღები

инструменты

ჩაქუჩი
молоток
სახრახნისი
отвёртка
ქანჩის გასაღები
гаечный ключ
ბრტყელტუჩა
плоскогубцы
ჯიბის სანათი
карманный фона

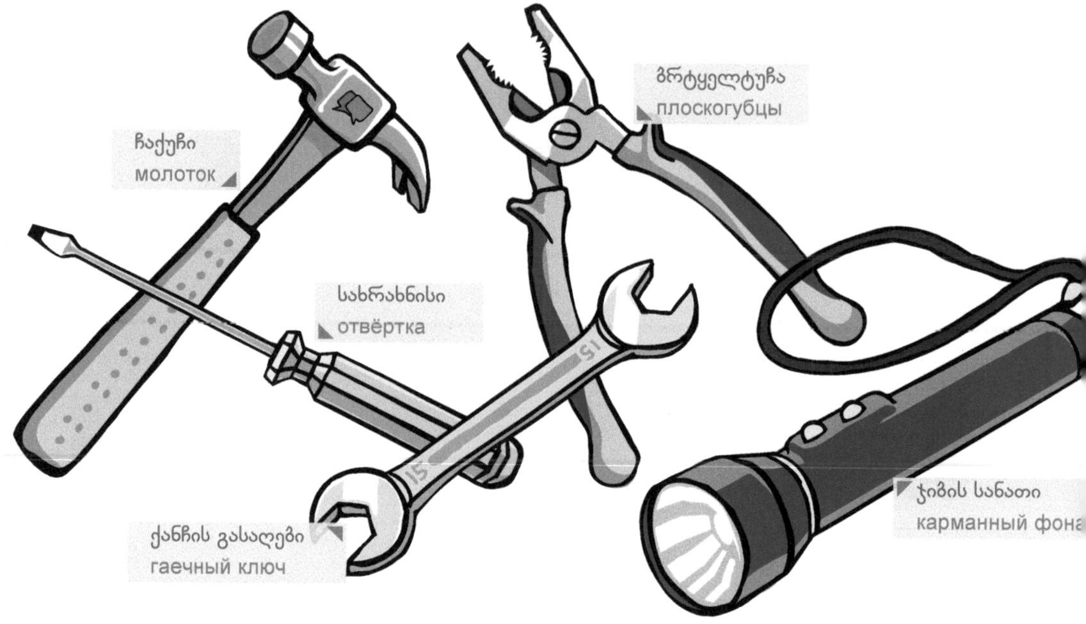

ექსკავატორი

экскаватор

იარაღების ყუთი

ящик для инструментов

კიბე

стремянка

ხერხი

пила

ლურსმები

гвозди

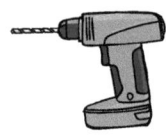

საბურღი

дрель

შეკეთება

ремонтировать

ნიჩაბი

лопата

ანდაბა!

Блин!

აქანდაზი

совок

საღებავის ქოთანი

ведро с краской

ხრახნები

винты

მუსიკალური ინსტრუმენტები

музыкальные инструменты

რეპროდუქტორი
громкоговоритель
დასარტყამი ინსტრუმენტების კრებული
ударный инструмент
გიტარა
гитара
კონტრაბასი
контрабас
საყვირი
труба

ფორტეპიანო
пианино

ვიოლინო
скрипка

ბასი
бас-гитара

ტიმპანონი
литавры

დასარტყამები
барабан

კლავიშები
синтезатор

საქსოფონი
саксофон

ფლეიტა
флейта

მიკროფონი
микрофон

ზოოპარკი

зоопарк

შესასვლელი
вход
ვეფხვი
тигр
გალია
клетка
ზებრა
зебра
ცხოველთა საკვები
корм
პანდა
панда

ცხოველები

животные

სპილო

слон

კენგურუ

кенгуру

მარტორქა

носорог

გორილა

горилла

დათვი

медведь

აქლემი
верблюд

სირაქლემა
страус

ლომი
лев

მაიმუნი
обезьяна

ფლამინგო
фламинго

თუთიყუში
попугай

პოლარული დათვი
белый медведь

პინგვინი
пингвин

ზვიგენი
акула

ფარშევანგი
павлин

გველი
змея

ნიანგი
крокодил

ზოოპარკის მფლობელი
служитель зоопарка

სელაპი
тюлень

იაგუარი
ягуар

პონი

....

пони

ლეოპარდი

....

леопард

ბეჰემოტი

....

бегемот

ჟირაფი

....

жираф

არწივი

....

орёл

ტახი

....

кабан

თევზი

....

рыба

კუ

....

черепаха

მორჟი

....

морж

მელა

....

лиса

გაზელი

....

газель

სპორტი

спорт

ამერიკული ფეხბურთი
американский футбол
ველოსპორტი
езда на велосипеде
ჩოგბურთი
теннис
კალათბურთი
баскетбол
ცურვა
плавание
კრივი
бокс
ყინულის ჰოკეი
хоккей

ფეხბურთი

футбол

ბადმინტონი

бадминтон

მძლეოსნობა

лёгкая атлетика

ხელბურთი

гандбол

სათხილამურო სპორტი

лыжный спорт

წყლის პოლო

поло

მოქმედებები
действия

დაცინვა
смеяться
გადახტომა
прыгать
ჩახუტება
обнимать
სეირნობა
идти
სიმღერა
петь
ოცნებობა
мечтать
ლოცვა
молиться
კოცნა
целовать

წერა

писать

დახატვა

рисовать

ჩვენება

показывать

დაჭერა

нажимать

მიცემა

давать

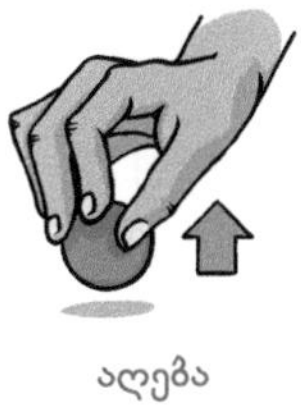

აღება

брать

ქონა

иметь

კეთება

делать

ყოფნა

быть

დგომა

стоять

გარბენა

бежать

მოქაჩვა

тянуть

გადაყრა

бросать

დაცემა

падать

ტყუილის თქმა

лежать

მოცდენა

ждать

ტარება

носить

ჯდომა

сидеть

ჩაცმა

надевать

ძილი

спать

გაღვიძება

просыпаться

დათვალიერება

рассматривать

ტირილი

плакать

გაუთოება

гладить

დავარცხნა

причесывать

ლაპარაკი

говорить

გაგება

понимать

შეკითხვა

спрашивать

მოსმენა

слушать

დალევა

пить

ჭამა

кушать

დალაგება

наводить порядок

ყვარება

любить

კერძების მზადება

готовить

სვლა

ехать

ფრენა

летать

აფრის ქვეშ სიარული

ходить под парусом

გამოთვლა

считать

წაკითხვა

читать

შესწავლა

учиться

მუშაობა

работать

ქორწინება

вступать в брак

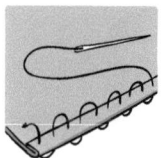

კერვა

шить

კბილების ხეხვა

чистить зубы

მოკვლა

убивать

მოწევა

курить

გაგზავნა

отправлять

ოჯახი

семья

ბებია
бабушка
ბაბუა
дедушка
მამა
папа
დედა
мама
ბავშვი
младенец
ქალიშვილი
дочь
ვაჟიშვილი
сын

სტუმარი

гость

დეიდა

тетя

ბიძა

дядя

ძმა

брат

და

сестра

სხეული

тело

შუბლი
лоб
თვალი
глаз
მხარი
плечо
თითი
палец
სახე
лицо
ნიკაპი
подбородок
ხელი
кисть
მკერდი
грудь
ფეხი
нога
მკლავი
рука

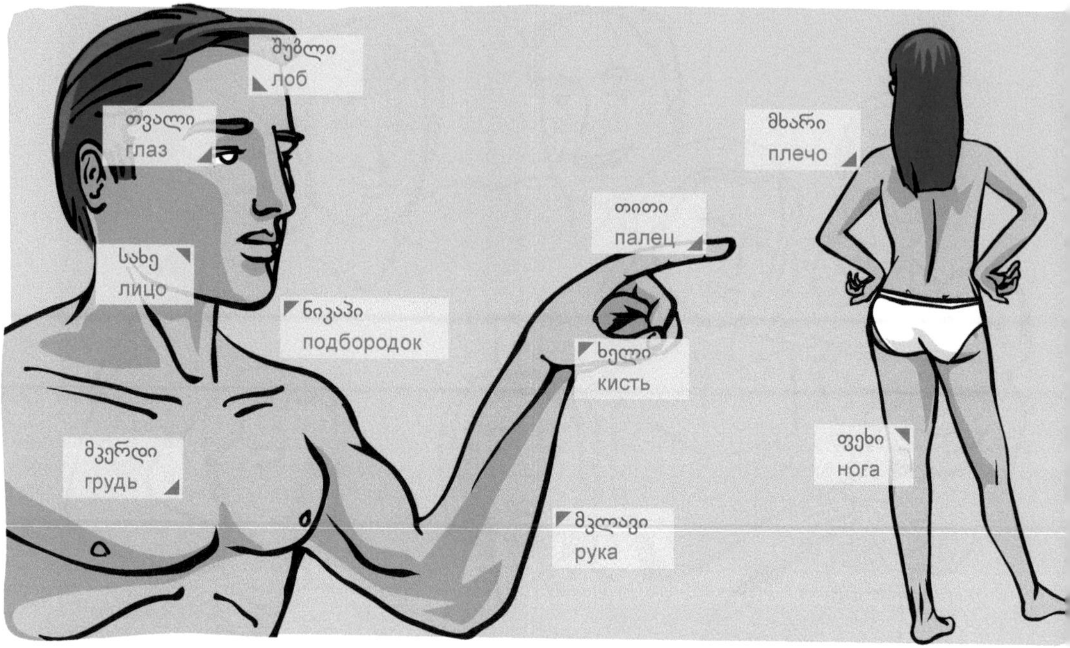

ბავშვი

младенец

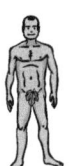

კაცი

мужчина

ქალი

женщина

გოგო

девочка

ბიჭი

мальчик

თავი

голова

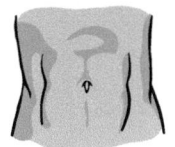

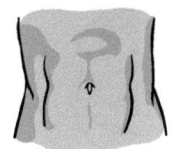

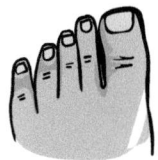

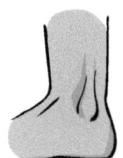

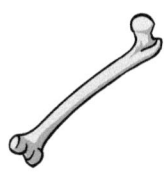

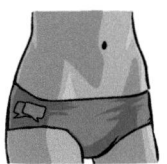

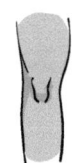

ზურგი спина	მუცელი живот	ჭიპი пупок
ფეხის თითი палец ноги	ქუსლი пятка	ძვალი кость
ბარძაყი бедро	მუხლი колено	იდაყვი локоть
ცხვირი нос	დუნდულა ягодицы	კანი кожа
ლოყა щека	ყური ухо	ტუჩი губа

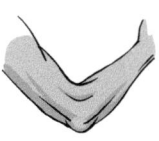

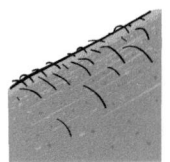

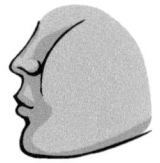

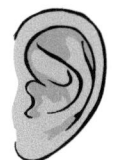

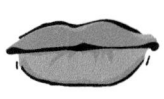

პირი

рот

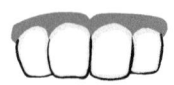

კბილი

зуб

ენა

язык

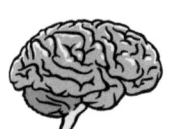

ტვინი

мозг

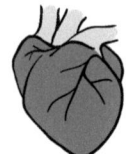

გული

сердце

კუნთი

мышца

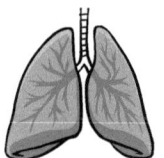

ფილტვი

лёгкое

ღვიძლი

печень

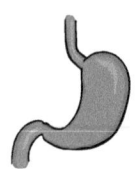

კუჭი

желудок

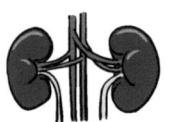

თირკმელები

почки

სექსი

половой акт

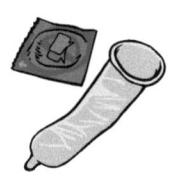

პრეზერვატივი

презерватив

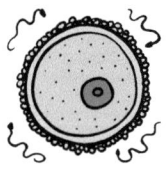

კვერცხუჯრედი

яйцеклетка

სპერმა

сперма

ორსულობა

беременность

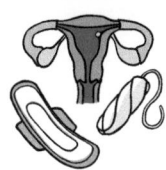

მენსტრუაცია

менструация

საშო

вагина

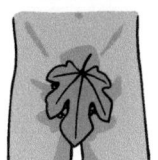

პენისი

пенис

წარბი

бровь

თმა

волосы

კისერი

шея

საავადმყოფო

больница

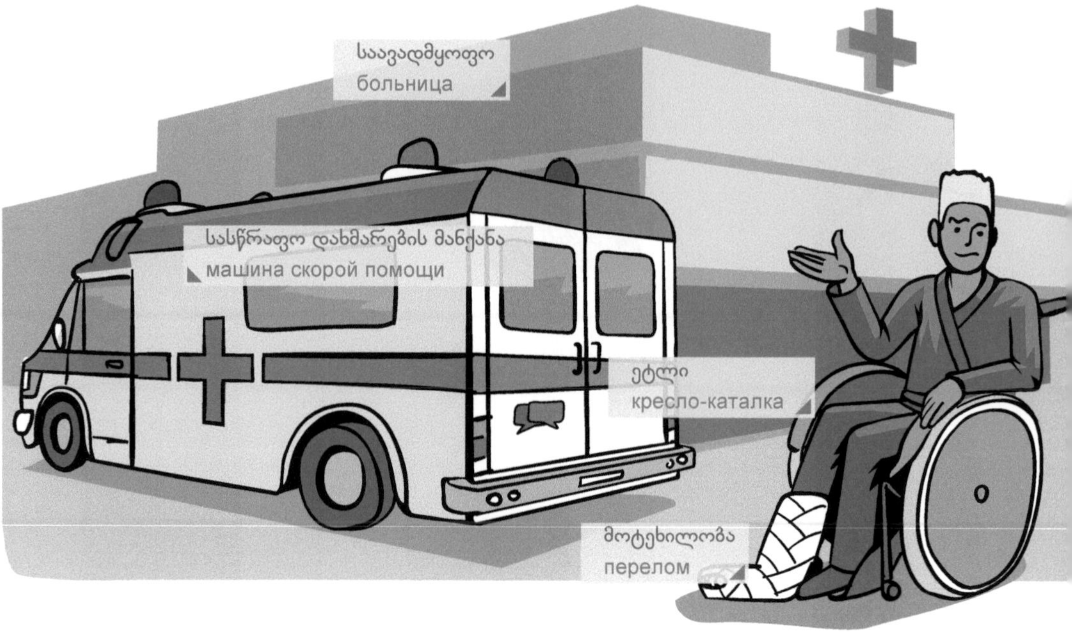

სასწრაფო დახმარების მანქანა
машина скорой помощи
ეტლი
кресло-каталка
მოტეხილობა
перелом

ექიმი

врач

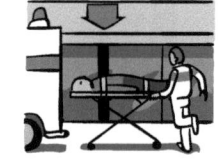

პირველი დახმარების ოთახი

пункт первой помощи

მედდა

медсестра

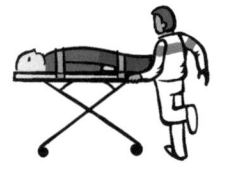

გადაუდებელი შემთხვევა

неотложный случай

უგონოდ მყოფი

без сознания

ტკივილი

боль

დაზიანება

повреждение

სისხლდენა

кровотечение

გულის შეტევა

инфаркт

ინსულტი

инсульт

ალერგია

аллергия

ხველა

кашель

ცხელება

повышенная температура

გრიპი

грипп

დიარეა

понос

თავის ტკივილი

головная боль

კიბო

рак

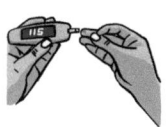

დიაბეტი

диабет

ქირურგი

хирург

სკალპელი

скальпель

ოპერაცია

операция

კტ

КТ

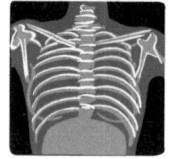

რენტგენი

рентген

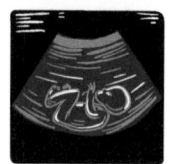

ულტრაბგერა

ультразвук

ნიღაბი

маска

დაავადება

болезнь

მოსაცდელი ოთახი

приёмная

ყავარჯენი

костыль

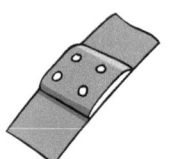

თაბაშირი

пластырь

ბინტი

бинт

ინექცია

укол

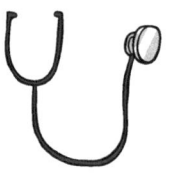

სტეტოსკოპი

стетоскоп

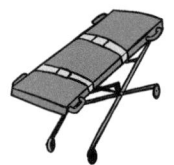

საკაცე

носилки

თერმომეტრი

термометр

დაბადება

рождение

ჭარბი წონა

избыточный вес

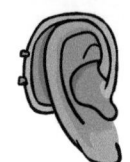

სმენის აპარატი

слуховой аппарат

სადეზინფექციო საშუალება

дезинфекционное
средство

ინფექცია

инфекция

ვირუსი

вирус

აივ / შიდსი

ВИЧ / СПИД

წამალი

лекарство

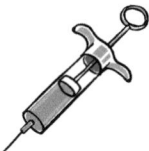

ვაქცინაცია

прививка

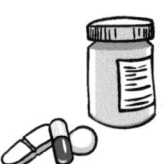

ტაბლეტები

таблетки

აბი

противозачаточная
таблетка

გადაუდებელი გამოძახება

экстренный вызов

წნევის საზომი აპარატი

прибор для измерения
кровяного давления

ავადმყოფი / ჯანმრთელი

больной / здоровый

გადაუდებელი შემთხვევა
неотложный случай

დამეხმარეთ!

Помогите!

განგაში

сигнал тревоги

თავდასხმა

нападение

შეტევა

атака

საფრთხე

опасность

სათადარიგო გასასვლელი

запасной выход

ხანძარი!

Пожар!

ცეცხლსაქრობი

огнетушитель

უბედური შემთხვევა

несчастный случай

პირველადი დახმარების აფთიაქი

аптечка

SOS

SOS

პოლიცია

милиция

დედამიწა

земля

ევროპა

Европа

ჩრდილოეთ ამერიკა

Северная Америка

სამხრეთ ამერიკა

Южная Америка

აფრიკა

Африка

აზია

Азия

ავსტრალია

Австралия

ატლანტიკა

Атлантический океан

წყნარი ოკეანე

Тихий океан

ინდოეთის ოკეანე

Индийский океан

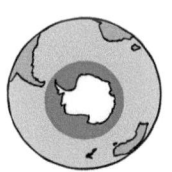

ანტარქტიკის ოკეანე

Антарктический океан

ჩრდილოეთის ყინულოვანი ოკეანე

Северный Ледовитый океан

ჩრდილოეთ პოლუსი

Северный полюс

სამხრეთ პოლუსი

Южный полюс

ანტარქტიდა

Антарктика

დედამიწა

земля

ხმელეთი

суша

ზღვა

море

კუნძული

остров

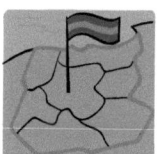

ერი

нация

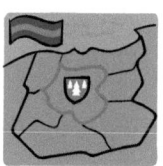

სახელმწიფო

государство

დედამიწა - земля

საათი

часы

ციფერბლატი

циферблат

საათების ისარი

часовая стрелка

წუთების ისარი

минутная стрелка

წამების ისარი

секундная стрелка

რომელი საათია?

Который час?

დღე

день

დრო

время

ახლა

сейчас

ციფრული საათი

электронные часы

წუთი

минута

საათი

час

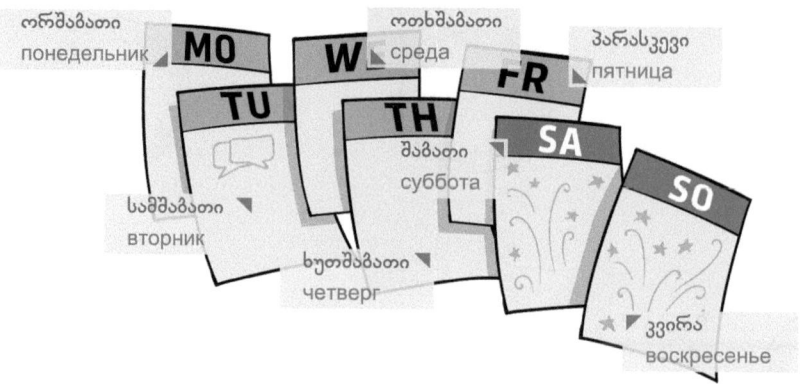

ორშაბათი
понедельник

ოთხშაბათი
среда

პარასკევი
пятница

MO

W

FR

TU

TH

SA

SO

სამშაბათი
вторник

შაბათი
суббота

ხუთშაბათი
четверг

კვირა
воскресенье

გუშინ
вчера

დღეს
сегодня

ხვალ
завтра

დილა
утро

შუადღე
полдень

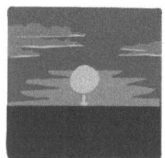

საღამო
вечер

MO	TU	WE	TH	FR	SA	SU
1	2	3	4	5	6	7
8	9	10	11	12	13	14
15	16	17	18	19	20	21
22	23	24	25	26	27	28
29	30	31	1	2	3	4

სამუშაო დღეები
рабочие дни

MO	TU	WE	TH	FR	SA	SU
1	2	3	4	5	6	7
8	9	10	11	12	13	14
15	16	17	18	19	20	21
22	23	24	25	26	27	28
29	30	31	1	2	3	4

შაბათი-კვირა
выходные

წელი

год

წვიმა
дождь
ცისარტყელა
радуга
თოვლი
снег
ქარი
ветер
გაზაფხული
весна
შემოდგომა
осень
ზაფხული
лето
ზამთარი
зима

4.APRIL 11°
5.APRIL 4°
6.APRIL 13°
7.APRIL 8°
8.APRIL 10°

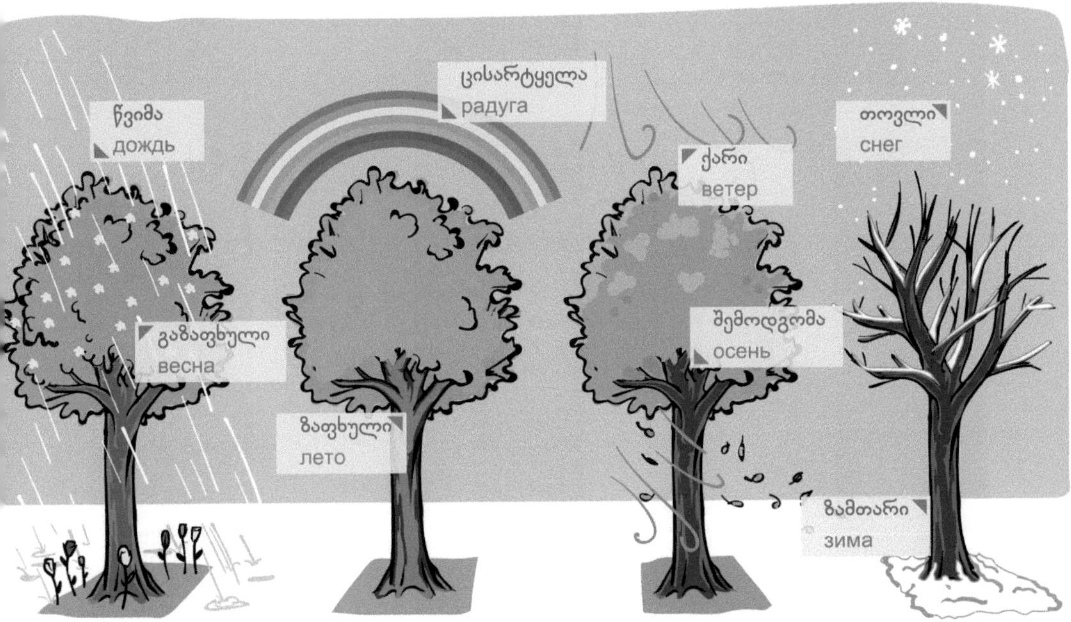

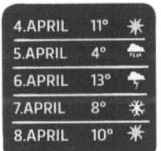

ამინდის პროგნოზი

прогноз погоды

F C
120 90 60 30 0 -30
40 30 20 10 0 -10 -20

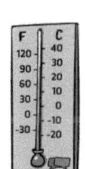

თერმომეტრი

термометр

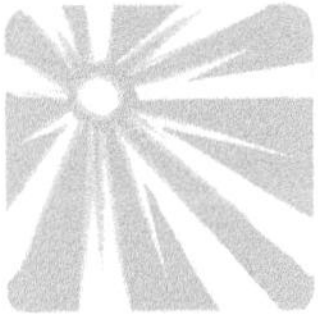

მზის სხივი

солнечный свет

ღრუბელი

туча

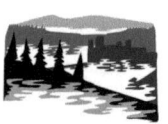

ნისლი

туман

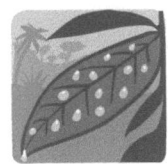

ტენიანობა

влажность воздуха

ელვა
....
молния

ქუხილი
....
гром

შტორმი
....
буря

სეტყვა
....
град

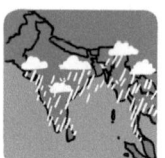

მუსონი
....
муссон

წყალდიდობა
....
наводнение

ყინული
....
лёд

იანვარი
....
январь

თებერვალი
....
февраль

მარტი
....
март

აპრილი
....
апрель

მაისი
....
май

ივნისი
....
июнь

ივლისი
....
июль

აგვისტო
....
август

წელი - год

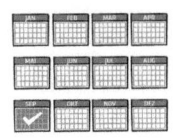

სექტემბერი

сентябрь

ოქტომბერი

октябрь

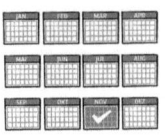

ნოემბერი

ноябрь

დეკემბერი

декабрь

ფორმები

формы

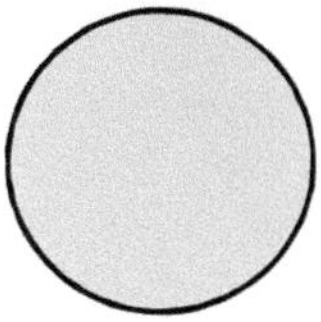

წრე

круг

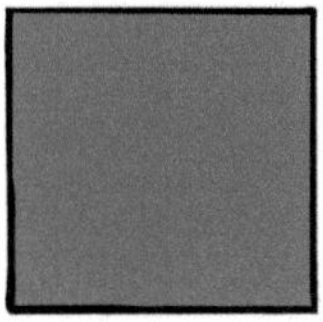

კვადრატი

квадрат

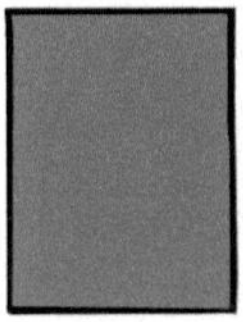

მართკუთხედი

прямоугольник

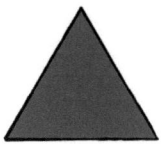

სამკუთხედი

треугольник

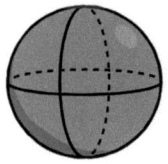

სფერო

шар

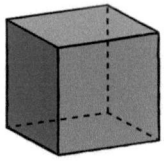

კუბი

куб

ფერები

цвета

თეთრი

белый

ყვითელი

желтый

ნარინჯისფერი

оранжевый

ვარდისფერი

розовый

წითელი

красный

იისფერი

лиловый

ცისფერი

синий

მწვანე

зелёный

ყავისფერი

коричневый

ნაცრისფერი

серый

შავი

черный

ბევრი / ცოტა

много / мало

გაბრაზებული / მშვიდი

яростный / мирный

ლამაზი / მახინჯი

красивый / уродливый

დასაწყისი / დასასრული

начало / конец

დიდი / პატარა

большой / маленький

ნათელი / მუქი

светлый / темный

ძმა / და

брат / сестра

სუფთა / ჭუჭყიანი

чистый / грязный

სრული / არასრული

полный / неполный

დღე / ღამე

день / ночь

მკვდარი / ცოცხალი

мёртвый / живой

განიერი / ვიწრო

широкий / узкий

საჭმელად ვარგისი /
საჭმელად უვარგისი

съедобный / несъедобный

ბოროტი / კეთილი

злой / дружелюбный

შთამბეჭდავი / მოსაწყენი

взволнованный /
скучающий

სქელი / თხელი

толстый / худой

პირველი / ბოლო

сначала / в конце

მეგობარი / მტერი

друг / враг

სრული / ცარიელი

полный / пустой

მყარი / რბილი

твёрдый / мягкий

მძიმე / მსუბუქი

тяжёлый / легкий

მოშიებული / მწყურვალე

голод / жажда

ავადმყოფი / ჯანმრთელი

больной / здоровый

არალეგალური /
ლეგალური
незаконный / законный

ინტელექტუალი / სულელი

умный / глупый

მარცხენა / მარჯვენა

слева / справа

ახლოს / შორს

близко / далеко

ახალი / გამოყენებული

новый / подержанный

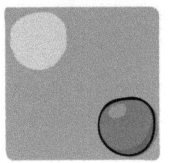

არაფერი / რაღაცა

ничто / нечто

მოხუცი / ახალგაზრდა

старый / молодой

ჩართვა / გამორთვა

включено / выключено

ღია / დახურული

открыто / закрыто

ჩუმი / ხმამაღალი

тихо / громко

მდიდარი / ღარიბი

богатый / бедный

მართალი / მტყვანი

правильный / неправильный

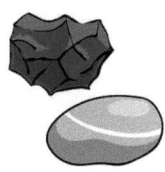

უხეში / გლუვი

шероховатый / гладкий

სევდიანი / ბედნიერი

печальный / счастливый

მოკლე / გრძელი

короткий / длинный

ნელი / სწრაფი

медленный / быстрый

სველი / მშრალი

мокрый / сухой

თბილი / გრილი

тёплый / прохладный

ომი / მშვიდობა

война / мир

0	**1**	**2**
ნული	ერთი	ორი
ноль	один	два

3	**4**	**5**
სამი	ოთხი	ხუთი
три	четыре	пять

6	**7**	**8**
ექვსი	შვიდი	რვა
шесть	семь	восемь

9	**10**	**11**
ცხრა	ათი	თერთმეტი
девять	десять	одиннадцать

12

თორმეტი

двенадцать

13

ცამეტი

тринадцать

14

თოთხმეტი

четырнадцать

15

თხუთმეტი

пятнадцать

16

თექვსმეტი

шестнадцать

17

ჩვიდმეტი

семнадцать

18

თვრამეტი

восемнадцать

19

ცხრამეტი

девятнадцать

20

ოცი

двадцать

100

ასი

сто

1.000

ათასი

тысяча

1.000.000

მილიონი

миллион

ენები

языки

ინგლისური

английский

ამერიკული ინგლისური

американский английский

ჩინური მანდარინი

мандаринский китайский

ჰინდი

хинди

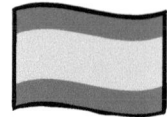

ესპანური

испанский

ფრანგული

французский

არაბული

арабский

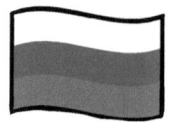

რუსული

русский

პორტუგალიური

португальский

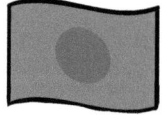

ბენგალური

бенгальский

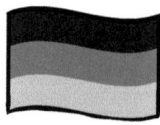

გერმანული

немецкий

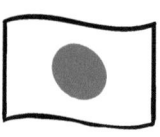

იაპონური

японский

ვინ / რა / როგორ

кто / что / как

მე

я

შენ

ты

ის / ის / იგი

он / она / оно

ჩვენ

мы

თქვენ

вы

ისინი

они

ვინ?

кто?

რა?

что?

როგორ?

как?

სად?

где?

როდის?

когда?

სახელი

имя

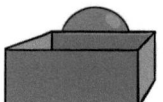

სად

где

უკან

за

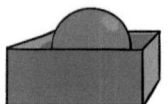

შიგნით

в

წინ

перед

ზედ

над

=-ზე

на

ქვეშ

под

გვერდით

рядом

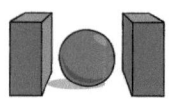

შორის

между

ადგილი

место